# LE RÉGIME

# PARLEMENTAIRE

## PENDANT L'INVASION

15 JUILLET 1870 — 10 MARS 1871

Par Joseph GARDIES

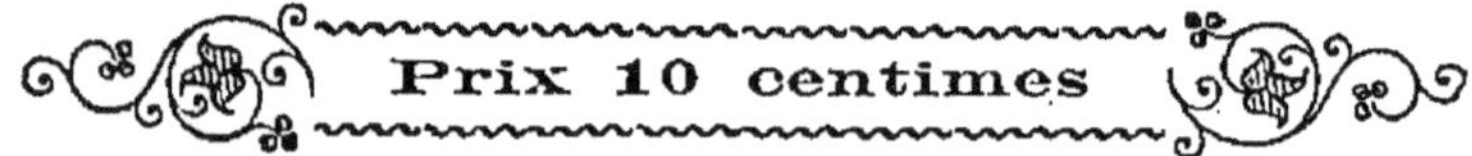

Prix 10 centimes

## NIMES

IMPRIMERIE GÉRVAIS-BEDOT

Rue Dorée, 24

—

1885

# LE RÉGIME PARLEMENTAIRE

## PENDANT L'INVASION

Les premiers combats de Sarrebrück et de Forbach semblaient annoncer les succès attendus, lorsque le 9 août arriva à Paris la nouvelle de la défaite sanglante de Reischoffen.

Dès la première heure, le ministère du 2 janvier se reconnut impossible et impuissant, et M. Emile Olivier pria lui-même la Chambre de le renvoyer. Malheureusement, les intrigues parlementaires et l'influence funeste de M. Schneider, alors président de la Chambre, empêchèrent la nomination au ministère de l'intérieur de M. Jérôme David ou de M. Clément Duvernois, dont l'énergie inquiétait la gauche.

Le général de Palikao, caractère et cœur résolus, devint pourtant le président du Conseil, mais ce cabinet ne sut que continuer le cabinet Olivier, en face d'une opposition parlementaire violant ouvertement la nouvelle Constitution. Jules Favre et ses amis n'avaient-ils pas osé le 9 août, jour de la formation du ministère Palikao, proposer à la Chambre la déchéance du Souverain qui venait d'être acclamé par huit millions de suffrages il y avait à peine trois mois.

Et chaque jour voyait grandir l'audace de l'opposition devenue clairement factieuse.

Du haut de la tribune des outrages étaient prodigués à l'Empereur qui était devant l'ennemi.

Des motions se succédaient, proposant à la Chambre de changer la Constitution, établie et sanctionnée par le peuple.

Les salles d'attente du Corps législatif étaient envahies par des gens qui insultaient les députés, et les tribunes publiques intervenaient dans les discussions par des applaudissements ou des huées. Le ministère, ne faisant respecter ni la Constitution, ni la Dynastie, ni la Chambre, ni lui-même, faisait garder le Corps législatif par des bataillons, et se laissait imposer par Ernest Picard et Jules Favre l'armement de ces pillards et de ces incendiaires qui firent le 4 septembre et la Commune.

Cependant, lorsque l'issue des sanglantes et glorieuses batailles de Borny, de Gravelotte et de Saint-Privat eût démontré l'impossibilité, pour l'armée du Rhin, de couvrir Paris, en se repliant sur la ligne de l'Argonne, la nécessité de former immédiatement une seconde armée sous les murs de la capitale devint évidente.

Dans la pensée de l'Empereur et du maréchal de Mac-Mahon, l'armée, réunie au camp de Châlons, et forte de plus de cent mille hommes devait se rendre sous Paris, s'y compléter, s'y exercer, y réorganiser son matériel, encadrer cent ou cent cinquante mille jeunes soldats dans ses rangs et y attendre l'ennemi dont la moitié des forces seraient retenues en Lorraine par le maréchal Bazaine autour de Metz.

L'empereur, de son côté, devait rentrer à Paris, concentrer les pouvoirs dans ses mains, dissoudre le Corps législatif, fermer les clubs, soumettre au besoin par les armes les éléments turbulents de la capitale et procéder à l'armement de la ville, à l'aide de forces exclusivement militaires, à l'abri des influences séditieuses.

En vue d'exécuter ce plan parfaitement sage, l'armée de Châlons, par ordre du maréchal de Mac-Mahon, se dirigea sur Reims le 21 août et y campa le même jour. C'est là qu'arriva au maréchal l'ordre du cabinet de Palikao de marcher dans la direction de Metz : le ministère, en effet, après avoir hésité deux jours, tremblant devant le soulèvement probable de l'opinion et des révolutionnaires de Paris, à la rentrée de l'empereur, s'était décidé à cette marche vers Bazaine, sans s'arrêter aux difficultés et aux périls d'une telle opération. L'armée fut donc dirigée sur Metz, mais, en arrivant aux défilés de l'Argonne, le 27 août, six jours après avoir quitté Reims, le maréchal de Mac-Mahon, les trouvant occupés déjà par les Allemands en force, comprit mieux encore l'étendue et la gravité de la faute militaire qu'il commettait et donna l'ordre une seconde fois de rétrograder vers Paris. Il informa de sa résolution le ministère Palikao par une dépêche datée de 8 h. 30 m. du soir ; mais, vers minuit, une nouvelle dépêche du gouvernement de Paris, datée de 11 heures, vint contraindre le maréchal à continuer son mouvement sur Sedan : la dépêche était ainsi conçue : « *Si vous abandonnez Bazaine, la* « *Révolution est dans Paris........ Ici tout le monde a senti* « *la nécessité de dégager Bazaine et l'anxiété avec laquelle* « *on vous suit est extrême.* Les révolutionnaires de Paris devant lesquels on avait reculé, imposaient donc la marche fatale et le sacrifice de l'armée. Le maréchal obéit, et dirigea les troupes sur Sedan.

Elles arrivèrent sous les murs de cette ville le 31 août au matin, démoralisées, harcelées par des combats continuels, épuisées par une dernière marche de nuit et mourant de faim, car les convois étaient déjà coupés par l'ennemi. Je ne veux pas vous faire ici l'historique de la bataille de Sedan : ce serait sortir du cadre que je me suis assigné.

Ce que j'en puis dire avec la fierté d'un Français, avec l'orgueil d'un impérialiste, c'est que, jamais peut-être, à aucune page de notre glorieuse histoire, nos héroïques soldats n'ont été plus vaillants, jamais nos drapeaux et nos aigles n'ont été plus intrépidement défendus.

Ce n'est qu'après quatorze heures de combat, après avoir eu en tués et blessés, *vingt généraux, deux mille officiers, et quinze mille sous-officiers et soldats*, ce n'est qu'après avoir acquis la certitude que 80,000 français étaient cernés par près de 300,000 allemands et six cents pièces d'artillerie, que la capitulation eut lieu.

La terrible nouvelle arriva à Paris dans la nuit du 2 au 3 septembre. Elle y trouva le ministère ébranlé et le général Trochu gouverneur de Paris. L'empereur, confiant en sa capacité et son honnêteté, l'avait en effet nommé gouverneur militaire de Paris, avant de quitter le camp de Châlons, et le général s'était hâté de rentrer dans la capitale, ramenant avec lui les mobiles indisciplinés de Montmartre et de Belleville.

C'est dix-huit jours après avoir prêté serment à l'Empereur comme gouverneur de Paris, c'est quarante-huit heures après avoir juré à l'Impératrice de lui faire un rempart de son corps sur les marches des Tuileries, c'est au moment où Napoléon III était prisonnier des allemands, que le général Trochu trahit honteusement son souverain et le peuple français tout entier en favorisant le coup de main du 4 septembre.

Après la catastrophe de Sédan, que pouvait-on, que devait-on faire ? Il n'y avait que deux choses acceptables par le patriotisme et le bon sens de tous les citoyens.

Ou il fallait reconnaître qu'on s'était abusé sur les forces réelles de la France, déclarer qu'on ne pouvait plus lutter sans armée, et faire immédiatement la paix que la Prusse offrait moyennant la cession seule de Strasbourg.

Ou il fallait raidir son courage, concentrer toutes les ressources disponibles, rester uni devant l'ennemi, et se résoudre à une guerre nationale et désespérée. Dans l'un ou dans l'autre cas, la première condition était de se grouper autour du gouvernement, de l'aider de toutes les forces vives de l'administration et du pays, d'ajourner tous les dissentiments politiques, sauf à faire plus tard, après la paix, la juste part des responsabilités.

Au lieu de cela, qu'a-t-on fait ? *On a livré la France à l'ennemi, en la jetant dans la révolution, en pleine invasion allemande.*

Trois hommes ont fait cela, trois hommes oht plus spécialement devant l'histoire la responsabilité de cet attentat à la souveraineté nationale, de ce crime odieux de lèse-patrie : Ces trois hommes sont Trochu, Thiers et Jules Favre.

Dans la nuit du 2 au 3 septembre, sous le coup des premières nouvelles du désastre de Sedan, Jules Favre proposa à la tribune la déchéance de Napoléon III et de sa dynastie : La Chambre accueillit la proposition avec le plus froid mépris.

Le lendemain matin, 3 septembre, Thiers formula à la tribune une proposition ainsi conçue : *Vu les circonstances, la Chambre nomme une commission de gouvernement et de défense nationale. Une constituante sera convoquée, dès que les circonstances le permettront.* Cette proposition ne fut même pas discutée ; mais le comte de Palikao commit l'insigne faiblesse d'ajourner au lendemain les propositions à faire au Parlement au sujet de la constitution du conseil dé régence, retard sans excuse dans les circonstances pressantes au milieu desquelles on se débattait.

Ce que Thiers et Jules Favre n'avaient pu obtenir du Corps législatif, Trochu l'obtint de l'émeute. Lorsque la garde nationale convoquée par Jules Simon, Gambetta, Floquet, Etienne Arago, se présenta en armes devant le palais Bourbon dans la journée du 4 septembre, le général Caussade, chargé de la garde du palais par le général Soumain commandant la 1$^{re}$ division militaire, enjoignit à la police et à la troupe de se retirer pour lui faire place, et la Chambre fut envahie. *J'ai vu, de mes yeux vu*, a déclaré le général de Palikao, *je l'atteste et je l'affirme, M. Gambetta faire un signe aux hommes qui avaient occupé les tribunes : Ils se mirent à descendre le long des colonnes, et ils envahirent la Chambre.*

Pendant ce temps, le général Trochu attendait au Louvre les événements, et laissait sans ordres et sans soutiens les deux généraux Caussade et Soumain. Il savait depuis le matin par les rapports du préfet de police les préparatifs de la manifestation projetée ; il pouvait, des fenêtres de son palais, voir le mouvement de la foule se portant sur l'Assemblée et il restait dans l'inaction. Il ne se décida à en sortir que sur les vives instances d'un des questeurs de la Chambre, le général Lebreton. Il monta à cheval, envoya son chef d'état major, le général Schmitz, auprès de l'Impératrice et partit pour le Corps législatif. Arrivé sur le quai, à la hauteur du pont Solférino, il rencontra la foule qui refluait du palais Bourbon à l'hôtel de ville et à la tête de cette foule, Jules Favre, qui lui apprit l'envahissement de la Chambre et l'invita à rentrer au Louvre.

S'il avait poursuivi sa route jusqu'au palais de la présidence, il y aurait trouvé deux cents députés réunis, auxquels la force et non la résolution manquait pour essayer d'agir.

Deux heures plus tard, Trochu se rendait à l'Hôtel de Ville sur l'invitation des membres du gouvernement révolutionnaire et revendiquait hautement les fonctions de président du Gouvernement, que son éclatante trahison lui avait bien mérité.

La salle des séances ayant été envahie, les députés se réunirent sur l'invitation de M. Dréolle dans la salle à manger de M. Schneider, sous la présidence de M. Alfred Leroux. Ils protestèrent énergiquement contre les violences qui venaient d'être faites à la représentation nationale et envoyèrent M. Grévy à l'Hôtel de Ville pour engager les émeutiers à rentrer dans la légalité. Un tel émissaire, aux trois-quarts complice, revint sans résultat. Le soir, à six heures, M. Floquet alla bravement fermer les portes du Sénat : MM. Jules Favre et Glais Bizoin vinrent mettre les scellés sur les portes de la Chambre. Le lendemain, 5 septembre, les députés de la majorité, indignés, mais non découragés, se réunirent de nouveau chez M. Johnston : ils nommèrent une commission de protestation composée de MM. Buffet, de Talhouët, Lefébure, Johnston, Daru, Josseau, Dréolle. Au nombre de *cent cinquante*, ils donnèrent leur signature. M. Gambetta envoya, du ministère de l'intérieur, des aventuriers armés, pour dissoudre cette réunion.

Quelques heures après, le même Gambetta télégraphiait aux départements que la déchéance venait d'être prononcée au Corps législatif, et donnait même le nombre des votants.

Puis M. Jules Favre allait, à Ferrières, dès l'arrivée des ulhans sous Paris, se jeter aux pieds de M. de Bismarck, et, s'érigeant lui-même en dictateur, se permettre de traiter au nom de la France : M. de Bismarck lui offrait la paix, moyennant la cession de Strasbourg et le paiement des frais de la guerre, c'est à dire deux milliards. M. Jules Favre refusait avec hauteur, déclarant qu'il ne céderait ni un pouce de notre territoire, ni une pierre de nos forteresses, et, de retour à Paris, il annonçait cyniquement à ses collègues et à la France que la Prusse avait demandé l'Alsace et la Lorraine. (20 septembre 1870.)

Le 5 novembre 1870, *le gouvernement de la démence ou de la dépense nationale*, comme on voudra, repousse une seconde proposition de paix faite par M. de Bismarck qui demandait alors la cession de l'Alsace et une indemnité de trois milliards.

Le 5 décembre 1870, une lettre du général de Moltke au général Trochu annonçait la reprise d'Orléans et offrait un sauf-conduit pour s'assurer du fait. C'était une nouvelle proposition de paix, indirecte mais formelle. Malgré les efforts du général Ducros, le gouvernement révolutionnaire refusa une troisième fois la paix.

Pendant cinq mois, du 4 septembre 1870 au 8 février 1871, ce gouvernement accumula ruines sur ruines, désastres sur désastres, hontes sur hontes. Pendant cinq mois, ce gouvernement, ou plutôt cette horde de pillards et de bandits fit couler à flots le sang français et dépensa huit millions par jour.

Pour combler la mesure, malgré la convention expresse de la capitulation de Paris, stipulant que l'armée ennemie n'entrerait pas dans la capitale, les Prussiens vinrent en armes jusqu'à la place de la Concorde, et M. Ernest Picard, ministre de l'Intérieur, ne craignit pas de faire afficher sur tous les murs une proclamation adressée aux habitants et dans laquelle il osa les supplier de bien recevoir les Prussiens.

Voilà donc ce que les républicains, en continuant la guerre à outrance pour garder le pouvoir, ont coûté à la France : *L'Alsace et la Lorraine*, au lieu de Strasbourg et de sa banlieue.

*Cinq milliards* au lieu de deux.

Sans parler des frais de la guerre, — ni de l'armée de l'Est, oubliée, c'est à dire livrée par Jules Favre, — ni des angoisses, des douleurs et des deuils de l'année terrible, — ni de la Commune, de ses incendies et de ses assassinats — ni enfin, de la longue trainée d'irritation et de misère qui dure encore après quatorze ans.

Nous venons de prouver que les républicains seuls se sont obstinés à continuer la guerre après le 4 septembre et que seuls, ils sont responsables des désastres qui ont suivi.

Que pouvait-on du reste attendre d'hommes dont l'un des plus éminents, M. Vitet, de l'Académie Française, foulant aux pieds tout sentiment de patriotisme, a eu la cynique et incroyable audace d'écrire dans la *Revue des Deux-Mondes* :

« Malgré les désastres sans nom que nous a
» valus l'année 1870, cette année n'a pas été
» tout à fait stérile, puisqu'elle a renversé
» l'Empire. Nos malédictions doivent se mêler
» de quelque gratitude, et enfin, tout compte
» fait, nous la bénirons. »

La vérité absolue, celle qui ne périt point et que déjà l'histoire impartiale a rétablie partout, elle était contenue toute entière dans cette admirable proclamation adressée par l'Empereur au Peuple Français le 8 février 1871 :

# PROCLAMATION

## DE L'EMPEREUR NAPOLÉON III

### AU PEUPLE FRANÇAIS

—

Wilhemshohe, le 8 février 1871.

Français,

Trahi par la fortune, j'ai gardé depuis ma captivité le profond silence qui est le deuil du malheur. Tant que les armées ont été en présence, je me suis abstenu de toutes démarches, de toutes paroles qui auraient pu diviser les esprits. Je ne puis aujourd'hui me taire plus longtemps devant les désastres du pays, sans paraître insensible à ses souffrances.

Au moment où je fus obligé de me constituer prisonnier, je ne pouvais traiter de la paix ; n'étant plus libre, mes résolutions auraient semblé dictées par des considérations personnelles. Je laissai au gouvernement de la Régence, siégeant à Paris, au milieu des Chambres, le devoir de décider si l'intérèt de la nation exigeait la continuation de la lutte. Malgré des revers inouïs, la France n'était pas domptée ; nos places fortes étaient encore debout, peu de départements envahis, Paris en état de défense, — l'étendue de nos malheurs pouvait être limitée ; mais pendant que tous les regards étaient tournés vers l'ennemi, une insurrection éclata dans Paris, le siège de la représentation nationale fut violé, la sécurité de l'Impératrice fut menacée, un gouvernement s'installa, par surprise, à l'Hôtel de Ville, et l'Empire que toute la nation venait d'acclamer pour la troisième fois, abandonné par ceux qui devaient le défendre, fut renversé.

Faisant trêve à nos justes ressentiments, je m'écriai : « Qu'importe la dynastie, si la patrie peut être sauvée ! » et, au lieu de protester contre la violation du droit, j'ai fait des vœux pour le succès de la défense nationale, et j'ai admiré le dévouement patriotique qu'ont montré les enfants de toutes les classes et de tous les partis.

Maintenant que la lutte est suspendue, que la capitale, malgré une résistance héroïque, a succombé et qne toute chance raisonnable de vaincre a disparu, il est temps de demander compte à *ceux qui ont usurpé le pouvoir, du sang répandu sans nécessité, des ruines amoncelées sans raison, des ressources du pays gaspillées sans contrôle.*

Les destinées de la France ne peuvent être abandonnées à un gouvernement sans mandat qui, en désorganisant l'administration, *n'a pas laissé debout une seule autorité émanant du suffrage universel.*

Une nation ne saurait obéir longtemps à ceux qui n'ont aucun droit pour commander. *L'ordre, la confiance, une paix solide* ne seront rétablis que *lorsque le peuple aura été consulté* sur le gouvernement le plus capable de réparer les maux de la patrie.

Dans les circonstances solennelles où nous nous trouvons, en face de l'invasion et de l'Europe attentive, il importe que la France soit *une* dans ses inspirations, dans ses désirs comme dans ses résolutions ; ç'est le but vers lequel doivent tendre les efforts de tous les bons citoyens.

Quant à moi, meurtri par tant d'injustices et d'amères déceptions, je ne viens pas aujourd'hui réclamer des droits que, quatre fois en vingt ans, vous m'avez conférés. En présence des calamités qui nous entourent, il n'y a pas de place pour une ambition personnelle ; mais, *tant que le peuple régulièrement réuni dans ses comices, n'aura pas manifesté sa volonté, mon devoir sera de m'adresser à la Nation comme son véritable représentant et de lui dire : « Tout ce qui est fait sans votre participation directe est illégitime. »*

Il n'y a qu'un gouvernement issu de la souveraineté nationale qui, s'élevant au-dessus de l'égoïsme des partis, ait la force de cicatriser vos blessures, de rouvrir vos cœurs à l'espérance, comme les églises profanées à nos prières, et de ramener au sein du pays le travail, la concorde et la paix.

NAPOLÉON.

A cette même date, au milieu des malheurs inouïs accumulés par le gouvernement du fou furieux, une Chambre fut élue qui n'avait et ne pouvait avoir pour mission que de traiter la paix. Cette Chambre, nommée sous la pression des événements, en dehors de toute idée politique, mais composée d'ennemis de l'Empire élus par surprise, puisque le Gouvernement républicain avait écarté du scrutin tous les partisans du régime impérial, cette Chambre où se trouvaient en nombre tous ceux que le suffrage universel avait dédaignés ou repoussés pendant vingt ans, eut le triste courage et la criminelle impudence de donner à l'Empire, renversé par l'émeute et la trahison, le coup de pied de l'âne.

Le 1er mars 1871, M. Bamberger, député de l'extrême gauche, ayant attaqué l'Empire à la tribune avec violence, la comédie dès longtemps préparée se joua. On se rappelle la noble attitude de M. Conti, à cette séance où sa voix fidèle fut couverte par les aboiements furieux de la meute en curée, ses éloquentes et fermes protestations, ses luttes d'honnête homme contre les invectives épileptiques d'une majorité en délire.

*Je vous ai proposé*, dit M. Thiers à la tribune, *une politique de conciliation et de paix, et j'espérais que tout le monde comprendrait la réserve et le silence dans lesquels nous nous renfermions à l'égard du passé ; mais, lorsque ce passé se dresse devant le pays, quand il semble se jouer de nos malheurs, dont il est la cause, non seulement par ses fautes, mais par ses crimes, nous devons, à l'instant même, faire éclater la vérité.*

Et se tournant vers le groupe impérialiste : *Savez-vous, reprit-il, ce que disent en Europe les princes que vous représentez ? ils disent que ce ne sont pas eux qui sont coupables de la guerre ; ils disent que c'est la France ; ils disent que c'est nous ! Eh bien, je leur donne un démenti à la face de l'Europe. Non, la France n'a pas voulu la guerre; c'est vous, vous qui protestez, c'est vous qui l'avez voulu !... C'est comme une punition du ciel de vous voir ici obligés de subir le jngement de la nation, qui sera le jugement de la postérité.*

Vous tous, impérialistes mes frères, vous tous aussi, honnêtes gens de tous les partis, lisez et dites-moi si jamais l'impudence et le mensonge ont été portés à une tribune française avec plus de cynisme et d'audace. Rapprochez ces phrases monstrueuses des discours du même Thiers, en 1867, 1868 et le 30 juin 1870, de l'histoire sérieuse et indiscutée de la période écoulée du 15 juin au 15 juillet 1870 et dites-moi si la France honnête et malheureuse qui souffre en silence et paie sans murmurer de son sang et de son argent les sottises des gouvernements, n'a pas bien fait de ramener à sa juste valeur par un jugement sans appel devant la postérité, la fatale et criminelle personnalité qui a eu nom Adolphe Thiers.

En condamnant sa mémoire et ses actes politiques, l'histoire impartiale condamnera aussi ce régime parlementaire qui a permis à un tel homme de conduire la France à sa ruine avant 1870 et de rejeter les responsabilités écrasantes qu'il avait encouru dans les désastres de la Patrie sur ceux qui avaient tout fait pour les éviter.

Comme Emile Ollivier, de sinistre mémoire, c'est *d'un cœur léger* que M. Thiers a assisté aux défaites de l'armée française, à l'envahissement du corps législatif, à la proclamation du Gouvernement de la Défense. Trop fin pour accepter d'en faire partie, comprenant qu'un tel gouvernement allait transformer nos malheurs réparables, ainsi qu'on en trouve dans le passé de beaucoup de grands peuples, en un effondrement sans exemple dans l'histoire, il se réserva prudemment, alla promener dans les cours étrangères son scepticisme railleur, et ne revint à Paris qu'après avoir détaché de nous par ses calomnies sur le régime impérial les sympathies de toute l'Europe , notamment celles de l'Autriche et de l'Italie.

Dans cette Chambre de rhéteurs et de médiocres, Thiers, élu par vingt départements qui acclamaient en lui le partisan décidé de la paix, Thiers, dis-je, sut s'imposer à tous, et, bernant les uns et les autres, organiser la république centre gauche, première étape d'une pente savonnée sur laquelle glisse notre malheureux pays.

Pour asseoir cette république qui faisait de Thiers le premier magistrat de la France et qui satisfaisait ainsi cette *ambition sénile*, selon le mot bien juste du général Changarnier, il fallait avant tout frapper le régime tombé et donner ainsi satisfaction à toutes les rancunes, à toutes les haines amassées chez ces députés qu'un hasard avait mis au pouvoir. C'est ce que fit le président dans la séance qui suivit la discussion Bamberger.

Un ordre du jour signé de Thiers et de vingt-six autres membres dont voici les noms: (Target, Bethmont, Buisson, René Brice, Ch. Rolland, Eug. Tallon, duc de Marmier, Pradié, Ricard, Girard, Lambert Sainte-Croix, Wilson, Charles Alexandre Baragnon, Léon Say, Victor de Laprade, Louis Viennet, Farcy, F. Dupin, Marcel Barthe, Comte d'Osmoy, Wallon, Ch. Rives, Comte de Brettes-Thurin, Villain,) fut proposé et voté par l'Assemblée nationale. Cet ordre du jour était ainsi conçu : *L'Assemblée nationale clôt l'incident, et, dans les circonstances douloureuses que traverse la patrie, en face de protestations et de réserves inattendues, « confirme la déchéance de Napoléon III et de sa dynastie déjà prononcée par le suffrage universel et le déclare responsable de la ruine, de l'invasion et du démembrement de la France. »*

Ainsi l'on oubliait que le plébiscite de mai 1870 ne pouvait être infirmé que par un nouvel appel à la nation, et l'Assemblée réunie exclusivement pour faire la paix, sans mandat politique, sortait de ses attributions en essayant d'annuler huit millions de suffrages, et ne parvenait qu'à se rendre ridicule devant l'histoire.

Voici la protestation indignée qu'adressa de Villemshohe au Président de l'Assemblée, l'Empereur des Français après le vote sur la déchéance.

## A Monsieur le Président

## de l'Assemblée Nationale à Bordeaux

MONSIEUR LE PRÉSIDENT,

Au moment où tous les Français profondément attristés par les conditions de la paix, ne songeaient qu'aux maux de la patrie, l'Assemblée nationale a prononcé la déchéance de ma dynastie et a affirmé que j'étais seul responsable des calamités publiques.

Je proteste contre cette déclaration injuste et

illégale : Injuste, car, lorsque la guerre fut déclarée, le sentiment national surexcité par des causes indépendantes de ma volonté, avait produit un entraînement général et irrésistible ; Illégale, car l'Assemblée, nommée dans le seul but de faire la paix, a outrepassé ses pouvoirs en tranchant des questions au-dessus de sa compétence ; Et, fut-elle même Constituante, elle est impuissante à substituer sa volonté à celle de la nation : L'exemple du passé est là pour le prouver : l'hostilité de la Constituante, en 1848, est venue échouer devant l'élection du 10 décembre, et en 1851, le peuple par plus de sept millions de suffrages m'a donné raison contre l'Assemblée législative.

La passion politique ne saurait prévaloir contre le droit public français : Pour la fondation de tout gouvernement légitime, c'est le plébiscite. Hors de lui, il n'y a qu'usurpation pour les uns, oppression pour les autres. Aussi, suis-je prêt à m'incliner devant la libre expression de la volonté nationale, mais devant elle seulement.

En présence d'événements douloureux qui imposent à tous l'abnégation et le désintéressement, j'aurais voulu garder le silence, mais la déclaration de l'Assemblée me force à protester, au nom de la vérité outragée, au nom des droits de la nation méconnus.

NAPOLÉON.

Villemshohe, le 6 mars 1871.

Le même jour, l'Assemblée votait l'Enquête parlementaire sur les actes du Gouvernement de la Défense nationale, et quatre jours après (10 mars 1871), elle décidait sa translation à Versailles.

En somme, dans cette seconde période, pendant l'Invasion, le régime parlementaire, comme je viens de le démontrer, donne dès les premiers jours, la mesure de ce qu'il peut faire. Il renverse le ministère Ollivier, mais frappe le ministère Palikao qui lui succède, d'impuissance et de faiblesse. Les désastres militaires s'accumulent, amenés par un affolement politique qui ne laisse à aucun ministre sa lucidité et son bon sens. Après n'avoir pas su par de sages et viriles résolutions militaires, défendre le pays, le ministère Palikao ne sait pas mieux se défendre lui-même et défendre la dynastie et la souveraineté nationale.

Oublieux de tous ses devoirs, il est débordé par l'émeute et laisse mettre une main factieuse sur le pouvoir légal. L'insurrection pendant cinq mois garrotte la patrie, lui impose un joug honteux, gaspille ses finances, disloque les forces militairee et les services civils, augmente les

charges financières de la nation et l'accule à une paix aggra
vée par les exigences territoriales et pécuniaires du vain-
queur.

Enfin, après cet interrègne, réapparait le régime parlementaire, avec l'Assemblée nationale.

Un de ses premiers actes est d'essayer de flétrir l'Empire:
elle ne réussit qu'à flétrir le Parlement lui-même, et le pays,
étonné et affligé, assiste avec douleur à cette reprise des
intrigues et des violences parlementaires, ne s'expliquant
pas l'impudence de ces députés qui osent condamner
ainsi ce gouvernement que le suffrage universel avait
consacré.